CITY PSALMS

Work by Benjamin Zephaniah

POETRY

Pen Rhythm (Page One, 1980)
The Dread Affair (Arena, 1985)
Inna Liverpool (Africa Arts Collective, Liverpool, 1988)
City Psalms (Bloodaxe Books, 1992)
Talking Turkeys (Puffin/Penguin, 1994)
Out of the Night (New Clarion Press, Gloucester, 1994)
    [co-editor: writings from Death Row]
Funky Chickens (Puffin/Penguin, 1996)
Propa Propaganda (Bloodaxe Books, 1996)

PROSE

Rasta Time in Palestine (Shakti, Liverpool, 1990)

MUSICAL RECORDINGS

Dub Ranting (EP: Radical Wallpaper, 1982)
Rasta (LP: Upright Records, 1983)
Big Boys Don't Make Girls Cry (single: Upright Records, 1984)
Free South Africa (single: Upright Records, 1986)
Us an Dem (LP: Mango/Island, 1990)
Crisis (single: Workers Playtime, 1992)
Back to Roots (LP: Acid Jazz, 1995)
Belly of de Beast (LP: Ariwa, 1996)

SPOKEN WORD CASSETTES

Radical Rapping (Benjamin Zephaniah Associates/
    Africa Arts Collective, 1989)
Overstanding (Benjamin Zephaniah Associates, 1992)
Adult Fun for Kids (Benjamin Zephaniah Associates, 1994)

CITY
PSALMS

BENJAMIN
ZEPHANIAH

BLOODAXE BOOKS

First published 1992 by
Bloodaxe Books Ltd,
Highgreen,
Tarset,
Northumberland NE48 1RP.

Second impression 1995.
Third impression 2001.

Bloodaxe Books Ltd acknowledges
the financial assistance of Northern Arts.

Cover printing by J. Thomson Colour Printers Ltd, Glasgow.

Printed in Great Britain by
Cromwell Press Limited, Trowbridge, Wiltshire.

Fe Noorjahan, Valerie,
Fe de birds an de bees.

Acknowledgements

Red Dream Music was the original publisher of 'Us & Dem', 'Tiananmen Square', and 'U-Turn' in their musical forms. They are to be found on the *Us & Dem* LP record released in 1990 by Mango Records, a division of Island Records Ltd, cat no. MLPS 1043846271-1. 'As a African' and 'My God Your God' were first published in the book *Rasta Time in Palestine* by Benjamin Zephaniah (Shakti Publishing, 1990). 'Money' was rapped on *Wordworks* (Tyne Tees Television, 1992) and published in the book *Wordworks* (Bloodaxe Books/Tyne Tees Television, 1992).

Although you can find me on various Internet sites, there are two genuine Benjamin Zephaniah sites:
http://www.oneworld.org/zephaniah/

The other site, which is mainly for young people and concentrates on environmental and educational issues, is:
http://www.oneworld.org/yes/benjamin/

Contents

Foreword

In his 1990 booklet, *Rasta Time in Palestine*, Benjamin Zephaniah throws away the line: 'these were very basic observations but I wanted to know more'. But I wanted to know more. He has the gift to understand the problems and culture of every new community he meets. I have driven him past Aberfan and he understands without needing explanations. A concern with so many concerns at once; everyone is a minority including the rulers but if the rulers are good then that's good; but if they're not then there is at best despair and anger. The centre cannot hold. London are you listening? 'It is us an dem.'...'Somebody better mek a U-turn before de fire start burn.'...'Our hearts at Tiananmen Square.'

But anger can laugh too and it is a strong flail which, even if it doesn't bring change, can make the laugher feel better for a while. Trouble is, the laughers are often uncomprehending of what they are laughing at. Dylan has, 'When I was down, you just stood there grinning.' There is always the danger that the laughter hides the idea and BZ knows that and treads a wary, aware, path. In 'How's Dat' the racism is about as well-meaning as it can get. Is it importantly different, though, from that in 'No rights red an half dead' where 'a man like me just cried'? How many of the Literature Festival set will make the connection?

The first time I heard his 'Green poem' I asked him for a copy of it. Haven't written it down yet, he said. A rapid, romping performance piece with some intricate rhythms and tricky rhymes, composed entirely in his head. He dictated it (and told me off for spelling 'dis' with a *th*). He couldn't sit down and dictate it either; he had to keep moving as he spoke. It is the way the old timers would have done it, the tribal bards in Africa, the Gawain poet in Cheshire, Dunbar and Henryson in Scotland. Writing about Henryson, the *Oxford History of English Literature* could have BZ in mind: '...his observation is exact and detailed ...he delights in homely phrases and in alliterative jingles drawing strength and colour from these popular elements...he knows the traditions and can extol them or laugh at them as the mood takes him.' The northern saga writers also dealt in this distinctive mix of specifics and universals. In the introduction to the *Orkneyinga Saga*, Palsson and Edwards discuss the contribution of poetry as part of the Viking story, describing a world

9

'where brother kills brother but the bonds of sworn friendship cannot be broken...the poems yoke together images of affection and bloodshed, romantic love and earthy desire.'

> Long time agu before de book existed
> Poetry was oral an not playing mystic
> Poetry was something dat people understood
> Poetry was living in every neighbourhood...
>
> ('Rapid Rapping – *rant*')

City Psalms is a collection of modern urban songs, ballads, raps, rants and poems made for his time and his places. In *City Psalms* you will find a geography of understanding and shared feeling: the long march includes Timbuctoo, London, America, Nigeria, Utopia, Kurdistan, Jamaica, Wales, Palestine, Ethiopia, El Salvador, Australia and McDonalds (which is richer than most of those nations). The oldest writers would have understood: 'dis poetry's from inside him, and goes to yu WID LUV.'

BOB MOLE

Man to Man

Macho man
Can't cook
Macho man
Can't sew
Macho man
Eats plenty Red Meat,
At home him is King,
From front garden to back garden
From de lift to de balcony
Him a supreme Master,
Controller.

Food mus ready
On time,
Cloth mus ready
On time,
Woman mus ready
On time,
How Macho can yu go?

Cum
Talk to me bout sexuality,
Cum meditate,
Cum Save de Whale,
Dose bulging muscles need Tai Chi
Yu drunken eyes need herb tea,
Cum, Relax.

Macho man
Can't cook, sew or wash him pants,
But Macho Man is in full control.

Dis Poetry

Dis poetry is like a riddim dat drops
De tongue fires a riddim dat shoots like shots
Dis poetry is designed fe rantin
Dance hall style, Big mouth chanting,
Dis poetry nar put yu to sleep
Preaching follow me
Like yu is blind sheep,
Dis poetry is not Party Political
Not designed fe dose who are critical.

Dis poetry is wid me when I gu to me bed
It gets into me Dreadlocks
It lingers around me head
Dis poetry goes wid me as I pedal me bike
I've tried Shakespeare, Respect due dere
But dis is de stuff I like.

Dis poetry is not afraid of going ina book
Still dis poetry need ears fe hear an eyes fe hav a look
Dis poetry is Verbal Riddim, no big words involved
An if I hav a problem de riddim gets it solved,
I've tried to be more Romantic, it does nu good for me
So I tek a Reggae Riddim an build me poetry,
I could try be more personal
But you've heard it all before,
Pages of written words not needed
Brain has many words in store,
Yu could call dis poetry Dub Ranting
De tongue plays a beat
De body starts skanking,
Dis poetry is quick an childish
Dis poetry is fe de wise an foolish,
Anybody can do it fe free,
Dis poetry is fe yu an me,
Don't stretch yu imagination
Dis poetry is fe de good of de Nation,
Chant,
In de morning

I chant
In de night
I chant
In de darkness
An under de spotlight,
I pass thru University
I pass thru Sociology
An den I got a Dread degree
In Dreadfull Ghettology.

Dis poetry stays wid me when I run or walk
An when I am talking to meself in poetry I talk,
Dis poetry is wid me,
Below me an above,
Dis poetry's from inside me
It goes to yu
WID LUV.

A Bomb

Atom bomb
Babylon bomb
Christian bomb
Devil bomb
Economic bomb
Fanatics bomb
Germs bomb
Heathen bomb
Immortal bomb
Jingoistic bomb
Killing bomb
Lawless bomb
Mushroom bomb
No bomb
Official bomb
Painful bomb
Questionable bomb
Reactionary bomb
Sad bomb
Taxable bomb
U.N. bomb
Valuable bomb
Wicked bomb
Xenophobia bomb
Your bomb
Zymotic bomb

A bomb pusher writes

We have Big Bombs
You have little bombs
You should sign a dotted line
Saying your bombs will stay small,
Thanks for buying our small bombs.

Our bombs televise hits
Our people can eat, drink and make babies
In the comfort of their own homes
Watching our bombs bomb your people.

We make Deadlines
For you,
You should surrender
Our bombs bomb people who don't,
Our bombs cost a million pounds each
We have starving people who don't mind.
Our Wars are Just
Your wars are not
We have Priests on our side
Your priests don't count,
Your prayers don't count
Your cries don't count
We have nothing against you
Our people support us
Your people support us
Because you have your propaganda
We have War News
Fact finding missions
On the spot reports.

You have your God
Your collaborator.
We are evil
You are a bit more evil
Not our evil.

We have Big Bombs
Our bombers study hard
They fly Surgical bombs
Laser-guided bombs,
Young bombers
With young families,
We love our country
We love your climate
We love our bombs
We made your bombs.

Overstanding

Open up yu mind mek some riddim cum in
Open up yu brain do some reasoning
Open up yu thoughts so we can connect
Open up fe knowledge an intellect,
Open up de speaker mek we blast de sound
Open up de sky mek de Bass cum down
Open up yu eyes mek we look inside
If yu need fe overstand dis open wide.

Open up yu house mek de Refugee cum in
Yu may overstand an start helping
Open yu imagination, gu fe a ride
If yu want fe overstand dis open wide

Open up yu fiss an welcum a kiss
Getta loada dis open up business
Open up yu Bank Account an spend
Open up yu wallet an check a fren,
Open up de dance floor mek I dance
Open up yu body an luv romance
If yu have not opened up, yu hav not tried
See de other side an open wide

Open up de border free up de land
Open up de books in de Vatican
Open up yu self to any possibility
Open up yu heart an yu mentality,
Open any door dat yu confront
Let me put it straight, sincere and blunt
Narrow mindedness mus run an hide
Fe a shot of overstanding
Open Wide.

Speak

Yu teach me
Air Pilots language
De language of
American Presidents
A Royal Family
Of a green unpleasant land.
It is
Authorised
Approved
Recycled
At your service.
I speak widda bloody tongue,
Wid Nubian tones
Fe me riddims
Wid built in vibes.
Yu dance.

A writer rants

Write a rant about de runnings
Writer rant about de runnings
So I wrote of fires bunning
An de judgement dat is cuming.
It is part of our tradition
It's our fighters ammunition,
Give it schools fe education
It may start sum luv creation.

Real life business did provoke it
Den I went around an spoke it.
It has cum from off de bookshelf
It's alive so hear it yourself,
An echo came to me an said
'Yu have a job yu mus do, dread,
Write a rant of our short-cumings,
Writer rant about de runnings!'

Money
(rant)

Money mek a Rich man feel like a Big man
It mek a Poor man feel like a Hooligan
A One Parent family feels like some ruffians
An dose who hav it don't seem to care a damn,
Money meks yu friend become yu enemy
Yu start see tings very superficially
Yu life is lived very artificially
Unlike dose who live in Poverty.
Money inflates yu ego
But money brings yu down
Money causes problems anywea money is found,
Food is what we need, food is necessary,
Mek me grow my food
An dem can eat dem money.

Money meks a singer singaloada crap
Money keeps horses running round de track
Money meks Marriages
Money meks Divorce
Money meks a Student tink about de course,
Money meks commercials
Commercials mek money
If yu don't hav money yu just watch more TV,
Money can save us
Still we feel doomed,
Plenty money burns ina Nuclear Mushroom.
Money can't mek yu happy
Money can't help yu when yu die,
It seems dat dose who hav it continually live a lie.
Children a dying
Spies a spying
Refugees a fleeing
Politicians a lying,
So deals are done
An webs are spun
Loans keep de Third World on de run,
An de Bredda feels betta dan dis Bredda next door

Cause dis Bredda's got money, but de Bredda's got more
An de Bredda tinks dis Bredda's not a Bredda cause he's poor
So dis Bredda kills de odder
Dat is Economic War.

New world Economic War
A bigga economic war means
It may not be de East an de West anymore
Now its de North an de South
Third World fall out
Coffee an Oil is what its about
It's Economic War
Poor people hav de scar
Shots fired from de Stock Market floor,
So we work fe a living, how we try
An we try,
Wid so little time fe chilling
Like we living a lie.

Money meks a dream become reality
Money meks real life like a fantasy
Money has a habit of going to de head
I have some fe a rainy day underneath me bed,
Money problems mek it hard fe relax
Money meks it difficult fe get down to de facts
Money meks yu worship vanity an lies
Money is a drug wid legal eyes
Economists cum
Economists go
Yu try controlling yu cash flow
Food cost loads
House prices soar
An de Rich people try to dress like de Poor,
Nobody really understands de interest rate
When dere is interest den its all too late,
We cherish education
But how much do we pay?
Yu can't buy Race Relations or afford a holiday
Money can't mek yu happy, yu happiness is paper thin
When yu are lonely yu will invite yu poor friends in.

Now dem sey is money culture time
Is dis culture yours, cause it is not mine
Money culture who?
Money culture what?
Money culture thrives where luv is not,
Dem can buy an sell till dem gu to Hell
Dem can tax de wisher at de wishing well,
Now Frankenstein cum fe privatise
Empire fools, get penny wise.
Every government will tek what dem can get
Every government is quick to feget
Every government can mek money by killing
Every government luvs money, no kidding,
But money is paper an paper will burn
So tink about trees as yu earn,
It could do good but it does more bad
Money is fake   and
You've been had.

Some study how fe manage it
Some study how fe spend it
Some people jus cannot comprehend it
Some study how fe move it from one country to another
Some study how fe study it an dem study fe ever,
Some people never see it yet dem work hard
Other never see it because dem carry cards,
Some people will grab it without nu thanks
An den mek it pile up in High Street banks.
Parents are hoping,
Some are not coping,
Some are jus managing,
Books need balancing,
Property is theft,
Nu money means death,
Yu pay fe yu rent den nothing left,
Some will pick a pocket
Some are paid fe stop it
Dose who are paid fe stop it are happy
Cause dey got it,
Some gu out an fight fe it
Some claim dem hav de right to it
People like me Granparents live long but never sight it.

22

Money made me gu out an rob
Den it made me gu looking fe a job,
Money made de Nurse an de Doctor immigrate
Money buys friends yu luv to hate,
Money made Slavery seem alright
Money brought de Bible an de Bible shone de light,
Victory to de penniless at grass roots sources
Who hav fe deal wid Market Forces,
Dat paper giant called Market Forces.

No rights red an half dead

Dem drag him to de police van
An it was broad daylight,
Dem kick him down de street to it,
I knew it was not right,
His nose had moved, bloody head,
It was a ugly sight.
Dem beat him, tried fe mek him still
But him put up a fight.

De press were dere fe pictures
Cameras roll an click.
While dem get dem money's worth
I started fe feel sick.
No rights red an half dead
An losing breath real quick.
I was sure dat it was caused by
Some bad politrick.

Down de road dem speed away
All traffic pulls aside,
Next to me a high class girl said
'Hope they whip his hide.'
Under me a young man's blood
Caused me fe slip an slide,
He pissed his well-pressed pants,
A man like me jus cried.

All de time it happens
Yes, it happens all de time
But 'Helping with Enquiries'
Says newspaper headlines.
If yu don't help wid enquiries
Yu mus be doing fine,
An if yu tink yu seeing justice
Yu mus be bloody blind.

According to my mood

I have poetic licence, i WriTe thE way i waNt.
i drop my full stops where i like........
MY CAPITAL LetteRs go where i liKE,
i order from MY PeN, i verse the way i like
            (i do my spelling write)
According to My MOod.
i HAve poetic licence,
i put my commers where i like,,((()).
(((my brackets are write((
I REPEAT WHen i likE.
i can't go rong.
i look and i.c.
It's rite.
i REpeat when i liKe. i have
poetic licence!
don't question me????

The Cold War

When me fingers feel not dere
An me Dreadlocks feel like hair
I tell meself dat Englan's not fe me,
Breathing car fumes as I jog
On de Motorway thru fog
I dream of somewhere else I wanna be,
When de tears me cry quick freeze
An me tremble at de knees
I tell meself dis is no way fe grow,
When me nose gets snotty
An me cannot feel me botty
I get de feeling it is time fe go.

I do not find snow charming
Rain may help some farming
But I can deal wid rain if dere is heat,
I am no sunbather
Just a Roots, Rock, Rap, Dub Raver
I like wearing sandals on me feet,
I don't call it chilly
When I got a frozen willy
I call it de Ice Age, Death or Hell,
When me cat keeps crying
An few birds are flying
I wish I had a working wishing well.

I am a natural naturist
I am sure I am sun kissed
I am hooked, I am a displaced sun addict,
Colds me only phobia
Sunshine is me Utopia
I never miss de winter fe one bit,
I wait an wait till it gets warmer
Cost me hundreds at de sauna
If its winter outdoor sports, feget me baby,
I like it really hot
Then I can do a lot
When I am freezing I get cramp an I go crazy.

Some like a little shiver
Some like a freezing river
Some like to throw a snowball
At a mate,
Some like to go an ski
Rather dem dan me
Cum frosty times I want to emigrate,
I am trying to fit in
When yu see me icy grin
I am sure you'll see de reason for de rhyme,
Yes I am still here
Cause hot or cold but everywhere
You'll see people from afar
An dey are mine.

As a African

As a African I danced to riddims wild in Nicaragua
I overstood dem well.
As a African I did not celebrate 200 years of Australia,
I overstand its history is black.
As a African I went to find Palestine,
I got confused on de West Bank,
An as a African Palestine is important.

As a African I grew old,
I went an sat down wid an reasoned wid Mr Ayatollah.
Mr Ayatollah told me fe mind me own business,
An so did Mr President USA.
Mrs Thatcher didn't even talk to me.

As a African a plastic bullet hit me in Northern Ireland,
But me children overstood an dey grew strong,
As a African I was a woman in a man's world,
A man in a computer world,
A fly on de wall of China,
A Rastafarian diplomat,
An a miner in Wales.
I was a red hot Eskimo,
A peace luvin hippie,
A honest newscaster,
A city dwelling peasant,
I was a Arawak,
A unwanted baby,
A circumcised lady,
I was all a dis
An still a African.

My God! Your God!

So dis is de state dat your kind dreamt about,
An after yu beating is dis yu way out,
Cause I was a witness, now I want to shout,
Explain to me, who is YOUR GOD?

Yu dreamt of a homeland, well others dream too,
De fruit was forbidden an now yu can't chew,
How can yu do dis, in de past it was you,
Is dis in de name of YOUR GOD?

Does YOUR GOD love children
Does YOUR GOD love peace
Could YOUR GOD bring justice to de Middle East,
Does YOUR GOD love anyone whatever dere kind,
Is YOUR GOD dis brutal, or is YOUR GOD blind,
An is YOUR GOD willing to talk to a nation,
Or did YOUR GOD come here to wipe out creation
My questions are childlike but I'm in confusion,
My question is,
Where is YOUR GOD?

A Picture of a Sign

I saw a picture of a sign
It was a sign of de time
Saying,
'No Blacks, No Irish, No Dogs,
No Children, No Cats, No Wogs.'
Sey what,
Dat greeted me Mudder
In de Mudder country?
Nowadays
Dem couldn't leave dat message fe me.

I saw a picture of a Policeman
Beating a Bredda,
As a lesson on progress
Me show it to me Mudder.
Me Mudder sey 'What
Is PC Dixon dat'
Me sey,
' Mum dat is dat
Dats de Mudder country
Plenty a shout tit fe tat
An try raise a family.'

I saw a picture of a man
Trying hard,
Very thin,
Homeless, moneyless,
One more starving,
De Credit Legacy
Hopeless in Chelsea,
De Mudder countrys home
Of de New Age Yuppie.

I saw a picture of meself
In me British Passport,
An me tink of all de people
Dat de British hav fought,
Like 'De Blacks, de Irish, de Dogs,
De Children, de Cats and de Wogs.'

Now de Mudder country is down
On her knee,
She is tough and quite persistent,
But I picture some ting different.

Yo Bowy

Lets boogie.
Sell yu soul
Prostitute yu Art
Be a Black
An White
Minstrel.
Wave yu hands Bowy
Show yu teeth
Strut dat funky ting
Sing Bowy, sing.

Boss won't touch yu
Wid a barge pole
But Bowy
Yu sexy
Dance Bowy, dance.

Top of de Pops
Flash locks
Flash flesh
Get down Bowy
Weigh down.

Good stuff
Wonderful riddims
Don't worry
Be happy.

Get Rich quick
If not
It's a job.

Tiananmen Square

Rumours were spreading round Moscow
Rumours around de Whitehouse
Rumours were spreading round London city
A nations crying out,
As de rumours were confirmed
De press were gathered dere
An all conscious people were saying
Our hearts at Tiananmen Square.

Singing an chanting an dancing
All fe a little more say
Courage hope an comradeship
De order of de day,
Young blood, young minds, new ideas
Dere was nu stopping some
An dere was nu sign of de devastation yet fe come.

Could de people shoot de people
Would de people really dare
Could de people do such evil
Well dey did such evil dare,
Bad vibes an bodies burning nonsense in de atmosphere
De tanks dey work so hard fe build
Spill blood on Tiananmen Square.

Leff, right, all over people crying out fe change
Reform or revolution somehow tings mus rearrange
Uncle Sam is not de man yu tink dem fighting fe McDonalds
Don't believe de News at Ten, dese people seek new channels,
Great Baton yu great hypocrite, talk of democracy?
Chinese people hav nu vote in yu Chinese colony,
Power to de people, yu can't kill an idea,
All dose dat die exposing lies
Now live in Tiananmen Square.

Royals do it too

De Press haz gone krazzy
De message is blur,
If butting an maybees
An many not sures,
De truth is so vital
No comment upstairs,
She swore on de Bible,
He swore dat he cares.
I heard from a neighbour
I heard from a cop
It's talk on de corner
It's cheap in de shop,
Astrologers knew it
It's palace endorsed
In public dey split
It's a Royal Divorce,
A royal divorce, a royal divorce
It really upsetted de cute royal horse,
A royal divorce, a royal divorce
I got de facts from a well unknown source.

How could she do it?
An how does he feel?,
Is dere no make-up kit
It's so unreal,
Raised in de House
It's de talk of de Nation,
What of dere Spouse
An dere organisation?,
My Mum is worried
She said 'It's de times,
It should be studied
By experts on crime',
Zoom in an focus
Let's see what is dere,
Is it dem, is it us
Or a Royal Affair?

A royal affair, a royal affair
Could it be royals also need a spare,
A royal affair, we speculate here
But wasn't she seen wid a big millionare?

She was so busy
Never at home,
He's in de Navy
De kids are alone,
Well can yu blame her
She could need some luv,
He's just a soldier
Nu time for a dub,
Nu time fe kissing
He's ready fe war,
Now dey are splitting
She'll drive her own car,
De Family vex
It's all over de place
Nu more royal sex
It's a royal disgrace.
A royal disgrace, a royal disgrace
Dey should hav been happy,
Dey both had dere space
A royal disgrace, I followed de case
It's thrilling an killing
An all in good taste.

Dey are our role models
Our figureheads
Dey should not squabble
But live in fast stead,
Dey should be perfect
It's not good enough
Study dere subjects
Cause real life is tuff,
But royals are not real
Dere bigger dan us
If dey burn a meal
We can all mek a fuss
It's tuff an heavy
Dey could not go de course

By royal degree
It's a royal divorce
A royal divorce, a royal divorce
Real life together cannot work by force
A royal divorce, a royal divorce
I'm so unhappy,
I'm joking of course.

Black Whole

I can't be a Non-European
I am whole
No Non,
European is Non-Black?
Female is Non-Male?
Oxygen Non-Matter?

I an I live
If you non me
No wonder
You Non-Compassionate.

Non-European
Who is?
Non-Westerners
Are North, South an East.

Rapid Rapping
(rant)

Intellectuals an sociologists mus come an see
What is happening now orally,
It is really meking history bringing poetry alive
To a dub or funky reggae, to jazz music, rock an jive,
Yu cannot ignore it as de people voice dere feelings
Some are sick of politricks an diplomatic double dealing
So dey picking up de microphone fe dere expression
Dey hav fe get it right or dey get verbal reaction.

CHORUS:
Everybody's rapid rapping
Everybody has a rap
Everybody mus sey someting
It's as simple as dat
Everybody's rapid rapping
It's de order of de day
Some are doing it fe nothing
Some are doing it fe pay

Dere are brothers in America called Public Enemy
Dey rap about de USA an black equality
Dey are militant an I like dem I hope one day we'll meet
Cause I really like dere lyrics an I really luv de beat
KRS 1 an X CLAN are rappers of a kind
Big an broad an massive an out fe blow yu mind
Yuppies do not like dem cause dey say dere superficial
Ghetto people luv dem dat is why dem blow a whistle,
When dey blow a whistle it's because dey dig de style
A rapper mus be open minded an quite versatile
Yu mus never drop a word an all de time yu mus get betta
Be responsible to your community or dey will get ya
I don't agree wid all a dem cause some are very vain
Just give dem some time fe speak in time dey will explain
Cause plenty sisters do it an dis meks me proud
I want to kiss each one a dem but dat is not allowed.

De message dat I hav fe yu is if yu happy rap
An if yu want fe find yu way den use a rapping map
Yu can do it if yu angry yu can do it if yu mad
Jus remember what yu saying an remember good is bad
Yu can't do it if yu drunk or if yu high on someting funky
An if yu getting paid don't feget yu money
An if yu in de charts yu will need a manager
An if yu are a Rasta yu can tour Africa.

No I hav not finished yet no I hav not done
Don't feget de poets because as one we cum
Dere is Linton Kwesi Johnson an de brother Martin Glynn
An de Lioness dat chanting freedom fighters out fe win,
Mikey Smith was stoned to death but his words live on de same
Jean Binta Breeze speaks wid ease so don't feget de name
From Liverpool we get de brother Levi Tafari
I could keep on going till de sun drops out de sky
Mutabaruka, Oku Onuora, John Agard an Grace Nichols
All people who are capable an dey hav principles
Maka-B, Merle Collins, Sister Netifa, Lemn Sissay
I thank all of dem because dey pave de way, yu see
Long time agu before de book existed
Poetry was oral an not playing mystic
Poetry was something dat people understood
Poetry was living in every neighbourhood
Story telling was compelling listening, an entertaining
Done without de ego trip an nu special training
Found in many forms it was de oral tradition
When governments said quiet, poets said no submission.

Now some write it, some chat it
Some money people back it,
Now some rant it, some chant it
Like me, some do it reggaematic,
Some rap it up an rap it out
Jazz people do Jazzoetry
Nu matter how yu check it all of it is poetry

I hav nu hang ups bout de Black chat form
Dis is so important it mus break de norm,
I hav nu hang ups bout its style or rhyme
If a feeling has nu word I mek one a mine,

I tink it is important fe tell dis to people
Poetry was stolen from us an dat was evil,
Put upon de bookshelf by de type dat likes to analyse
Discussed in classy journals by de type wid reading eyes.

Look dere's nothing wrong wid reading
We can read to liberation
But readers mus not put down dis long oral tradition,
Nu dere's nothing wrong wid reading
Just tink people die fe read,
But dere's plenty wrong wid hiding someting
Dat people may need

Some hav taken up de gun
An some take up de pen
Oppressors are aware of dis
An dey fear both of dem,
Lawmakers an media try holding rappers back
An it's no coincidence dat most rappers are Black.

Jus one more ting before I go dat's yu can do it too
Yu don't need fe read an write, be honest, loud an true
Yu don't even need equipment every street becomes yu stage
We are making history so let progress thru dis age,
De young an old are doing it I hav a rappin mudder
Everybody has dere rap so let's rap to each other
No matter what yu style or de hat dat yu are wearing
Yu can even get away wida little swearing,
Fuck.

CHORUS
Everbody's rapid rapping
Everbody has a rap
Everbody mus sey someting
It's as simple as dat
Everbody's rapid rapping
I like rapping when I'm jogging
In de morning or de evening
I thank yu eye an ear fe listening.

Call it what yu like

Friday de 29th June, 1979
Temperature quite warm,
Need fe rock a while,
Tings kinda calm,
So to meself I sey, where shall I have a ball?
Den de Time Out tell me de scene is Acklam Hall
Live groups, beggar, samaritans, resistance,
Plus special guest.

Off to Acklam Hall
A couple frens wid me,
We never ever pay,
Dem always du me free,
Very good of dem,
Very good in dere.

India rocking,
England rocking
Africa a rock
To de Roots Reggae Track.

We dip wid de beat
We turn an repeat
We ride pon de beat,
Yes, cool runnings
Kinda beautiful fe see
How everyone rock free.

De Samaritans a getting ready
Hearts set fe luv a Reggae.
Tuning up.

Some a dem a bop to sound system,
Some a romance were lights are dim.

I tek a walk,
I circulate.
I was standing by dis door
Talking to dis girl,

I tell her dat I write
She said I must recite
An den I see a fight.

Dere was so many,
Appearance of Skinheads,
Dem a shout, 'National Front, National Front,'
Dem a shout, 'Kill one, Kill one, Kill a Black man,'
Dem a shout, 'Kill a Black man lover.'
In dem hands dem hav sticks
Dem hav bottles, dem hav bricks,
Dem a hit wid de sticks

An de bottles an de bricks.
A nightmare.
A nightmare, full a fear
I check it as a nightmare,
People falling down everywhere,
An one little exit door,
So much people heading fe dis exit door,
Only one little exit door.

Hysterical,
Terrible,
Hitlers ting in progress.
Women cried in Acklam Hall,
Racist beat all.

I step ina room,
I sight six men
Standing over one man,
One man lying pon de ground,
Thick blood,
Wood splinters,
Glass splinters an tears
An him never want nu charity,
No ambulance,
St Johns man talks in vain,
Blood hides de cut from de eye,
Glass splinters pushing pain.
Not one police number came.

Outside is a shout
De Punks are about.
A shout,
Nazis out, Nazis out.

O Punk, O Punk, de fight nu long,
Yu battle well.

I sight a punk holding a baby,
Lost baby,
De Black child crying,
But we fight back
De best form a attack.

An to meself I sey 'De Nazis gone commercial.'
An to meself I sey 'Dis should be controversial.'

Everybody start scatter
Me an me people jus
Exit.
De place was as mad as de world,
Not good,
We hav fe leave dat scene.
Not one police number came.

O Punk, O Punk, de fight nu long,
Yu battle well.

A tribute to the Punks and Anti-Nazi campaigners who battled hard on
29th June 1979 when a group of National Front members invaded a rave
at Acklam Hall, Ladbroke Grove, West London.

Us & Dem

Me hear dem a talk bout Unity
Dem hav a plan fe de Effnick Minority
Dem sey Liberation totally
But dem hav odder tings as priority
Dem hold a Conference anually
Fe look at de state of Equality
Dem claim dem fighting hard fe we
When we want do it Independently,
De us,
Dats dose who are made fe suffer
Some are found in de gutter wid no food fe eat,
Us,
Well, we are clearly frustrated
We jus not debated when Parliament meet,
Dem,
Well dey are known by dere fruits
Dem hav many troops fe batter yu down,
Dem,
Well, Now dem hav power
But dere shall be an hour
When de table turn round.
Us an Dem it is Us an Dem
When will dis ting ever end
Yu mus know yu enemy from yu fren

Know yu enemy from yu fren now
Face de facts, yu can't pretend now,
I write dis poem fe more dan Art
I live a struggle, de poem plays a part,
I know people, very trendy
Dem talk to me very friendly,
But dey are coping
So now dem voting all dem frens in,
De frens oppress we,
How dem oppress we?
Well dem arrest we
An den dem givin we Judge an Jury
When we start we demonstrating
Dem hav dem prison cell waiting,

Pon de Telly dem talk fe a while
Wid fancy words an dem plastic smile,
Where Party Politricks play it's tricks
Dere is nu luv fe de old, nu luv fe de sick
Us an Dem it is Us an Dem.

Now me hear dem a talk bout World Peace,
But dere's Wars at home
An dem Wars will not cease,
Not till all de Queen horses
Women an Men find a new direction
(Start again),
Politicians talk bout World economics,
But read de Manifesto
It reads like a comic,
When dem talk bout housing
Dem mouth start sprouting
Words dat fe ever an fe ever yu doubting,
If yu in doubt yu don't hav a shout
When yu talk against dem
Dem sey get out,
Some call it Democracy
I call it Hypocrisy
Dat mek me start feel Revolutionary,
When rich fashion cramps poor style
I stop an after a while I ask,
Is it me class or is it me colour
Or is it a ting I don't yet discover,
Us an Dem it is Us an Dem
When will dis ting ever end,
Us an Dem it is Us an Dem
Yu mus know yu enemy from yu fren,
I repeat again, now it's Us an Dem,
When will dis ting reach a conclusion,
Don't pretend are yu Us or Dem,
Pick yu place from now
Before de confusion.

Cut de crap

Yu offer me a pension
But I know yu intention
Yu high powered connections,
Cut de crap an set I free.

I hav not drunk yu wine
Dat blood yu shed is mine
Yu paper I won't sign,
Cut de crap an set I free.

Yu not doing me nu favour
I was born a rebel raver
Yu is a two faced neighbour,
An yu tink dat yu hav me.

Black starliner like I ride de storm
I looked an den I saw de norm
Said up yours, no I won't conform
An just live selfishly.

Now yu offer me a share
Yu acting like yu care
But how did I get here
Cum we check de history,
Yu want me fe look like yu
It's a phase yu going thru
What yu offer me won't do
So cut de crap an set I free.

Me green poem

Everybody talking bout protecting de planet
As if we jus cum on it
It hard fe understan it.
Everybody talking bout de green revolution
Protecting de children an fighting pollution
But check – capitalism an greed as caused us to need
Clean air to breathe, Yes
When yu get hot under de collar
Yu suddenly discover dat yu going Green all over.
Fe years
Yu hav been fighting wars an destroying de scene
An now dat yu dying
Yu start turn Green

A few years ago if yu wanted peace yu would hav fe mek
        a demonstration.
Yu were called a traitor, a Russian infiltrator,
De scourge of de nation
A few years ago if yu said yu were Green
Yu were really seen as Red.
Yes a few years ago yu were seen as a weirdo
If yu were to eat brown bread.
Now yu don't hav to be clever fe know bout salmonella
An dere are many reasons fe diet like a vegan.
Now it is official, don't eat too artificial
When yu told yu hav no future, try some acupuncture.
Fe live long, get wise an try some exercise.
Feget de Harp, stay sharp
An tek care of yu heart
To go jogging is belonging
Walk instead of driving
Now dat yu are dying, start tinking of surviving.
Yu start tinking of surviving now dat yu are dying
Remember old time saying : Beware of what yu spraying
Now is de time fe panic
So let's go eat organic
Yu fridge will burn creation
Dis is so-called progression

Fe years
Yu hav been fighting wars an destroying de scene
An now dat yu dying
Yu start turn Green

Many singer-songwriters hav it as a topic
De rainforests, dose hungry people
'Daddy we must stop it.'
De ozone layer's fading
I mus make an LP
I'll get de credit an I'll give de cash to charity
I mus be really honest,
An I speak personally,
I don't hav dat much money fe give to charity,
My people were rich but robbed
An we were healthy
So I don't know bout yu, but me, I plead Not Guilty.
So now yu hav a house
World music gets yu high
An now yu exercising hard cause yu don't want to die
An yu got loadsamoney but yu don't need nu cash
Cause yu got loadsa credit cards an yu so proud a dat
De greenhouse effect meks de world hotta
If yu hav loadsamoney really it nu matta.
Nobody knows what's happening to de weather
An all of a sudden we're told to pull together
Pull together?
Pull together
An recycle ya paper.
De government said if yu don't yu will regret it later.
Dem used to sey dat Green was soft
Don't worry bout de atmosphere
An now a scientist has said,
'Oh damn, we're going to disappear.'
Fe years
Yu hav been fighting wars an destroying de scene
An now dat yu dying
Yu start turn Green

Now when it come to wars, governments are funny
Lives are secondary, first is bloody money
Troops out if it costs too much, troops in if it pays

An in de English dictionary what is war anyway?
Angola ....dat's war
Afghanistan.....................dat's war
Tibet ....dat's war
Far-off people hav dem,
Ethiopia ....dat's war
El Salvador ....dat's war
Bolivia ....dat's war
Feel sorry fe de children,
Lebanon ....dat's war
Gaza ....dat's war
Mozambique....................dat's war
An someone's got to stop dem,
Korea ....dat's war
Haiti ....dat's war
Northern Ireland ....dat's something else
Now dat is just a problem.
Still we don't hav nu constitution
An so-called progress breeds pollution
Yu can buy a share in de illusion
Or yu can gu to school an study de Green solution,
Fe years Green tings hav been pushed aside
Now we're going fast on a downward slide
Who's going Green on de sly?
Is dat kinda business upset I
Fe years
Yu hav been fighting wars an destroying de scene
An now dat yu dying
Yu start turn Green

Everybody talking bout protecting de planet
As if we just cum on it
It hard fe understan it.
Everybody talking bout de Green revolution
Protecting de children an fighting pollution.
But check
Humans hav been taking an not giving
An now de boat is sinking yu stop an start tinking,
Now we see dere is a change of tone
De problem's cuming home
De world's a danger zone

Fe years
Yu hav been fighting wars an destroying de scene
An now dat yu dying
Yu start turn Green
Fe years yu hav been getting technological
But ignoring de facts
An now yu so technical
But yu cannot relax,

Blue	will	turn	Green
When	votes	are	seen

An yu will get   lead-free   gasoline

Comrades an Frens

Walls cum down an prices rise
Dey dreamt it happens overnight
Awaiting dreams wid hungry eyes
De Eagle an de Bear in flight.

All de Gods are free fe speak
(Earth people still hav nu voice)
Eagles now fly in fe teach
(Brainwash maybe more precise).

Round de table talks on talks
Or talks fe money mekin men
High on profits an odder shorts
De Nineties way of ruling dem.

Welcum to de White Weddin
In death dey cum together
Northerners should all cum in
(It will not last fe ever)

Way down South de forest dies
People die wid de forest,
Costly was de bag a lies
Truths so hard fe digest.

Peaceful people fought fe peace
De people feared de dreaded hour,
Now dey can buy de Mystic East
So now dem fight fe power.

A modern slave song

When yu cosy in yu house
Remember I exist,
When yu drink expensive drink
Remember I exist,
When yu lying on me beach
Remember I exist,
When yu trying to sell me beans to me
Remember I exist.

When yu loving each other to death
Remember I exist,
When yu selling me me music
Remember I exist,
When yu sell dat cotton shirt
Remember I exist,
When yu interviewing me
Remember I exist.

I was de first inventor – remember
I am black an dread an luv – remember
I am poor but rich, don't mess – remember
I made history – remember.
Yu tried to shut me mouth – remember
Yu studied me an filmed me – remember
Yu spending me money – remember
Yu trying to feget me but remember,
Remember I am trained to not give in,
So don't feget.
Remember I hav studied studying
So don't feget.
Remember where I come from, cause I do.
I won't feget.
Remember yu got me, cause I'll get yu.
I'll mek yu sweat.

U-Turn

Handsworth, Brixton, St Pauls, Broadwater Farm,
Toxteth, Highfields, Bradford, Ladbroke Grove,
Somebody better mek a U-turn
Before de fire start burn.

De culprit is hidden
In a very nice house, in a very nice town
Wid comfortable surroundings,
De culprit has taken
De power of de beast, disturbing de peace
An give de power to police.

Somebody better check it out,
Somebody better get it right,
Somebody better check de atmosphere
Cause fire ago burn tonight,
Somebody better check de scene
Fe see exactly what I mean
De people of power can't hide cum de hour
An voters hans aren't clean.
Somebody better mek a U-turn before de fire start burn.

Moss Side, Wolverhampton, Belfast, Chapeltown,
Hackney, Peckham, Brent, Stoke Newington,
Someone's mispending de cash
Children will burn de place to ash
History's being made me people hav paid
An children grow up in a flash,
An innocent woman is dead, shot sleeping in her bed
Words hav been spoken, de chains hav been broken
An now we're feeling dread, AN RED.

Somebody better mek a U-turn before de fire start burn.

How's dat

No Sir
I don't play Cricket,
One time I try
Fearing a duck
I watch de ball fly towards me,
I recall every spin
An unforgettable air speed,
It bounced before me
Jus missing a two day old ant,
Up it cum
A red flash
Lick me finger so hard
I thought me finger would die.

Teacher tell me
I am good at cricket,
I tell teacher
I am not,
Teacher tell me
We luv cricket,
I tell teacher
Not me,
I want Trigonometry
Fe help me people,
Teacher tell me
I am a born Cricketer,
But I never......(well only once),
I don't play cricket.

She's crying for many

She is flesh of me flesh
I am bone of her bone
So please stop kicking her
Beg yu leave her alone,
She is not fighting back
Find de love dat yu lack
Dat's me sista yu beating upstairs.

I am feeling dem punches
I am feeling dem kicks
I see where yu mind is
I check yu as sick,
So yu are 'De Man',
Easy man, if yu can,
Dat's me sista yu beating upstairs.

She's screaming,
An it seems dat yu will not stop,
'Dis is domestic', (de words of a cop)
An yu keep repeating, 'Tell me where you've been',
She's trying fe tell yu,
Yu not listening,
Downstairs me flat is shaking,
De lights are crazy swaying,
An I can hear loudly each word yu are saying,
I feel dat her body is touching me ceiling,
An I see de man from inside yu revealing.

She's crying fe many,
Dere's many de same,
An don't try fe tell me de Bible's to blame,
De colours yu fly outside, carry dem home,
It's cruel, you're unhealthy,
Yu should live alone,
Dat problem needs checking,
It seems yu fegetting,
Remember yu mudda
I am yu girlfriends bredda

Yu energy's wasted
Yu bitterness tasted,
An all dat yu stand fa as been demonstrated.

So now yu feel sexy,
Does dat turn yu on?
After yu cum tell me where ave yu gone?
Yu bed's only playing de riddim of one,
Music direct from de great Babylon,
Who carved de image an space you mus fill?
Is she de enemy dat yu mus kill?
Do yu tell yu friends how yu get yu cheap thrills?
Does yu mudda know dat yu acting so ill?

She is flesh of me flesh
I am bone of her bone,
I cannot help hearing,
I am downstairs alone,
Yu reap what yu sow,
How comes yu don't know
Dats OUR sister yu beating upstairs.

Question

Me watching me.
Hungry me.
Me belly swell
Me separate dirt from grain
Me looking amazed at a plane
Me in Africa a Squatter
Me at home a Refugee.

Me watching me.
Sitting comfortably
Ina hi-tech city
In touch wid de Modern World
In touch wid old frens
Me ask me,
Why is dere Famine ina land so Rich?

De BMW in Addis Ababa shock some
De Champagne ina Nigeria drunk some
De Canned Food of South Africa hurt some
From de Diamond to de Rand to de Dollar
De Africa unity worry some

Me need fe luv me neighbour badly
So Aid can't control me,
Like false borders hold me
Divide an rule me.

It could be me
It is me
Me watching me
Pon TV.

Me know bout Coffee
Me know bout Sugar
Me know bout Silver an Gold
Me stilla ask me
Why is dere Famine ina land so Rich?

The SUN

I believe the Blacks are bad
The Left is loony
God is Mad
This government's the best we've had
So I read The SUN.

I believe Britain is great
And other countries imitate
I am friendly with The State,
Daily, I read The SUN.

I am not too keen on foreign ones
But I don't mind some foreign bombs
Jungle bunnies play tom-toms,
But, I read The SUN.

Man, I don't like Russian spies
But we don't have none
I love lies,
I really do love Princess Di
I bet she reads The SUN.

Black people rob
Women should cook
And every poet is a crook,
I am told – so I don't need to look,
It's easy in The SUN.

Every hippie carries nits
And every Englishman love tits
I love Page Three and other bits,
I stare into The SUN.

I like playing bingo games
And witch-hunting to shame a name
But aren't newspapers all the same?
So why not read The SUN.

Don't give me truth, just give me gossip
And skeletons from people's closets,
I wanna be normal
And millions buy it,
I am blinded by The SUN.

Ringside

This is Art,
Let gum shields fly
Let eyes bleed
Let blood run,
Hit head
Rattle brains
With a right and a left
And a left and a right.
Knockouts are best
But not too soon,
This match is expensive
We want value for money,
We come to watch work
We are dressed in our best boxing suits
This is Legal
And we seek entertainment.

There is still great White hope
Until then Black on Black is fine,
We took these lads from the streets
If it wasn't for us he would starve.
We feed him
We train him
We cheer him on
We pat his back,
There is no one like him
Or him
Or him
If it wasn't for us he would rob you,
Ask him.

A right and a left
A left and a right,
We get so carried away
So much tension it hurts.
We can't fight to save our wallets
We leave it to the Boys,
He would fight anyway,

When he loses his temper
We head for the Board Room,
If he hits us
He goes to Jail.

He's a smart lad, he's bright,
And he waves our flag,
When he's brain dead
We shall set him up in advertising,
He can open shops
Do the Children's TV bit
He can see our doctors
Buy us drinks.

Widda a leff an a right
An a right an a leff
Jab him
Box him down,
Uppercut, uppercut
Knock him out fe ten seconds, no less
Wid style fe de viewers at home.
Yu Black
Yu British
Yu Black
Yu American
Yu Black
Yu Canadian
Yu White
Irish
Poor,
Box yu Brother.

Black Politics of Today

Well me study every kinda philosophy
An me study some religion, religiously
I don't want fe offend nobody
But me jus study an tek what is fe me
See if yu live in Jamaica ghost is duppy
If yu live in Englan a ghost is spooky
Anywea yu live life is reality
Anywea yu are check tings politically.
De Black Politics of Today.

Here I stand a Dreadlocks, a modern day Rasta
Me feel me want progress me want progress move fasta
Me know me roots an history is true Africa
Fe climb me family tree yu need a long ladder,
I never use nothing fe mek me Whiter
Every day me learn me start feel Blacka
Some people sey me reddish but dat nu matter
When yu dealing wid yu Class an Race yu stick together
Ina de Black Politics anyway.

Me luv being, me luv singing, me luv loving
Me luv life
Me check fe equality between a Husband an Wife
Me luv watching nature growing
An finding out an knowing
Me like going to de cinema
Depends on what is showing,
But if I gu an I am searched, dat is what I hate
Den I find quite naturally I mus question de State
An if I end up Downtown in a cell
Den I find quite naturally I mus Rebel
Me know some people sey dem don't deal wid politics
But de fact dat dem sey dat mek yu know sey dem get trick
So long as yu is living an yu want eat food
Enter de arena yu nar intrude
Our destiny is in our hand an we mus make a move
Black people situation mus improve
Some people sey dem hav enough so nows de time fe start
An if I hav some children I'll tell dem I played me part
In de Black Politics, all de way.

Well I will help wid Nicaragua
An deal wid Chile
I give it an I need it, it is Solidarity
I want fe see a place pon Earth called Kurdistan
Me hav radical views pon Northern Ireland
I don't move leff right an centre cause me know
Wea me stand
Dis is a new ting fe Black Man an Woman
So another generation can grow up an gu long
Me know Unity is strength an Unity will mek we strong,
Now if yu like a Britain me dealing wid yu
Me hav me views pon Arab an Israeli issues
Me vocabulary is changing I don't use coloured or bitch
Because I am Vegan I will not eat de Rich,
I won't invest in Sid or British Telecom
Because me study Slavery me know wea dem cumin from,
Nobody is perfect but knowledge mus increase
So long as yu are living yu deserve a piece
Mine is
De Black Politics of Today
Is dat me a sey
De ting nar gu awey
De Black British Politics of Today,
Many Poets write bout it
An now we ago deal wid it,
De Black Politics of Today
De Black British Politics of Dis Day.

The Old Truth

Rumour has it
Once upon a time
Dere was Peace, Luv an Unity
One race, de Human Race etc,
Africans traded wid de Irish
Chinese traded wid de Arabs etc,
Rumour has it,
We made luv in de open.

Before Religion
Before Politricks,
Our names meant someting,
Nu high art,
Nu high brow
Jus a milk an honey scene.

Rumour has it
Jesus   (Peace be upon him)
Krishna   (Peace be upon him)
Mohammed   (Peace be upon him)
Harriet Tubman (Peace be upon her)
Yim Wing Chun   (Peace be upon her)
Amina   (Peace be upon her)
All came

Rumour has it
Our destinies are all
(Rumour has it)
De same.